존경하는 _____ 선생님께!
저의 시조집 『선비 시조』를 선사드립니다.

                    2025년 초가을 좋은 날
                    시조시인 靑鶴 허상회 드림

청어詩人選 498

선비 시조

청학 허상회 제3시조집

청어

선비 시조

허상회 시조집

서문

　자유시와 시조 공부를 계속해 나가는 과정에서 조금 더 좋은 작품을 쓰기 위해 보다 증진해 가는 그 심정에서 마음을 담아 첫 시조집 『천상의 운율을 내 가슴에』를 발간하고, 시집 『천국보다 문향』을 발간하였으며, 사회단체장으로 새창원JC특우회장, 경남지구JC특우회 감사, 부회장, 창원大 최고경영자과정 동기회장, 석전1동 주민자치위원장직을 역임하였습니다.
　현재 시민금방 대표와 코리아 신문사 창원지사장직에 충실하면서 시, 시조 한 편씩을 더 잘 쓰기 위한 연마의 몸부림으로 더 집중적인 문인의 길, 牛馬 千里 우마 하늘의 뜻 걷는 마음공부 중에 있습니다.

　그리고 지금까지 시와 시조를 한 편 두 편 써가면서, 읽으면시 감동괴 어운을 영원히 낡는 글, 좋은 묘사와 독창성 있는 시조, 발화와 절제 사이, 나는 나를 만족시킬 수 있는 좋은 시조, 명시조 한 편이라도 잘 쓰고 있는가? 최선을 다하고 있는가?
　나 자신에게 먼저 되묻고만 싶습니다.

시인의 말

시조를 향한

미래를 향한

햇살 같은 큰 의미 위한…

2025년 을사년 해 6월
청학 허상회 시조시인 올림

차례

5 서문
7 시인의 말

1부   자연의 거울

14 연화리 우정
15 하회마을 가는 길
16 그 섬에 가고 싶다
17 백수 선생님
18 안동 고등어
19 대리기사
20 지리산 부부
21 해돋이
22 일 톤 트럭 남자
23 사랑 풀
24 한복 한 벌
25 발바닥 인생

2부   세속의 길

28 아줌마 마음
29 호롱불 어머니

30 덕천강 연가
31 혹독한 경자년
32 새봄
33 백두산 천지
34 안경을 쓰다가
35 인생 앞에서
36 노고단 두견새
37 금강산 걷는 길
38 솜이불

3부 운율의 문향

40 오피러스 승용차
41 죽부인
42 꿈 하나
43 생선 가시
44 살랑이꽃
45 가을 정원
46 외포항
47 만추
48 밤하늘 서신
49 노점 아줌마
50 두 손의 행복
51 해외여행
52 겨울 덕유산

4부 　자연은 도반의 길

54　석류
55　고개 든 3월
56　청령포 눈물
57　밤비
58　갓바위
59　등산복
60　중환자실
61　고향 추억
62　봉화산 여정
63　무학산에서
64　파는 인생

5부 　산마루 연가

66　백년초 예찬
67　동피랑 골목길
68　들꽃 인생
69　코로나19 시대
70　공원길 걸으며
71　밤길 소리
72　황매산 철쭉꽃
73　초가을 연가
74　화왕산 억새꽃

75 병문안
76 껌 하나
77 막걸리 한잔
78 암자
79 지우개
80 사는 동안

6부   계절 기쁨

82 자연인
83 내 인생의 인연
84 감염 시대
85 달나라
86 바람의 섬
87 부곡온천
88 불후 시절
89 봄비 오는 날
90 부채질
91 천주산 가는 날
92 욕지도 선물
93 노인 유치원
94 두 바퀴 사랑
95 중고차
96 회갑 여정
97 내 옹이
98 한 번쯤 로망대로
99 늦은 시작은 깊은 울림으로…

1부

자연의 거울

어둠의 밑바닥 하나, 나를 빤히 올려보는데
아버지 모습 문득 나타나 등을 치시며 타일러
그래도
살면 길이 있다고
새 출발 하라시며

연화리 우정
―Yeonhwa-ri friendship

말없이 마주 잡은 두 손에 밤이 흐르고
지난 세월 애환도 눈물도 많았다지만
지금의
좋은 세월 만나니
기쁨보다 서글픔 많아

구십 살 연화리 섬, 두 친구 할매 서로에게
의지하며 지난 삶을 똑같이 서로, 닮은 노래도
아리랑
한 소절 같이 불러
봄날도 함께 지나간다

하회마을 가는 길

굽이굽이 휘감는 낙동강을 거슬러
강변 길 병산서원 뜰, 선연한 배롱꽃이여
사람 맘
들뜨게 하는 화초
발걸음을 재촉한다

두 눈과 마음을 씻는 문향文香의 기품 속에
한가위 달 아래서 연꽃 같은 달걀 불
해 질 녘
한 폭의 풍경화로
어우러져 타고 있네

그 섬에 가고 싶다
―덕적도

겨울 낭만 가득한 백만 평 황금 백사장
해당화와 울창한 해송 숲이 잘 어우러진
서포리
해변은 수도권
제일의 관광휴양지

292미터 우뚝 서 있는 비조봉 아래에
풍광 좋은 해변에서 우럭 회 썰어 먹고
소나무
숲에서 하는 야영
즐거움 주는 최고 힐링

백수 선생님

청산아 왜 말없이 학처럼 여위느냐
그 멋진 시어 묘사로 문학 행사장 찾으셨던
훌륭한
시조계 큰 별 선생님
그 모습 무척 그립네요

봄 향기 그윽하게 퍼지는 백수문학관
직지사와 선생님은 뗄 수 없는 원초 본능
방문객
두 눈 속에 감동으로
울어 나 멍하니 섰네

안동 고등어

두 손을 마주 잡고 세상 구경 나왔던가?
뭇사람 눈동자에 근육질 자랑하며
새 삶을
만나길 염원해
공손하게 누웠나

오래도록 살기 위해 뱃속부터 염장하고
이사 갈 긴 시간 위해, 코팅 옷을 단장해
부잣집
고운 마님 손
설레며 기다리네

바다에서 살다가 육지로 이사 간 집
온 가족에 영양분, 디엔에이 제공하고
본인은
머나먼 어둔 세상
외로움에 길 떠나네

대리기사

서울의 밤거리에 대머리 대리기사 김씨
고단한 삶이지만 황혼에서 새벽까지
웃으며
하루를 산다
언제나 벅찬 희망에

피곤한 줄 모르고 엑셀러레이터 밟으며
백발이 이리도 빨리 올 줄 몰랐다며
시간은
어느 한 물결
그 바람에 흘러갔지만

세상의 찬바람 속 자식 같은 젊은 기사와
하루 벌이 얘기하며 진땀을 식히곤 한다
황혼길
서로 손잡고 앉아
친구처럼 다정하네

지리산 부부

노란 산수유꽃
환하게 잎을 여는
지리산 산마을에 봄비가 내리면
아내는
가슴으로 듣는다
남편의 하모니카 소리

꿈결인 듯 그 리듬 가슴에 번지고
친구 생각 가족 생각 하루해가 짧다
인생은
가난 속에도
잠시지만 풍요에 젖고

손 하나 없는 남편과 못 듣는 아내
외딴 산마을에 단둘이 살아가며
자연에
안겨 사는 삶
한 쌍의 원앙새같이

해돋이

하늘을
난생처음
만나는 어린 새처럼

초봄에 땅을 밟고
일어서는 새싹처럼

햇살은
수줍은 미소 품고
새날을 데리고 오네

일 톤 트럭 남자

일 톤 차 천막 아래 한 남자의 희망이
한 가족의 생계가 주섬주섬 실려 가는데
갑자기
예상도 못 했던 일
타이어가 펑크다

잘나가던 회사가 불경기를 맞아서
사십 대까진 무난하게 달려온 한 남자
전진도
후진도 못 한 채
발걸음만 내동댕이친다

어둠의 밑바닥 하나, 나를 빤히 올려보는데
아버지 모습 문득 나타나 등을 치시며 타일러
그래도
살면 길이 있다고
새 출발 하라시며

사랑 풀

어쩌다가 실수로 헤어진 그대와 나
새로운 기회가 오면 새살같이 붙이고 싶다
사랑풀
한 통 풀어 두 간극
차이 없고 틈새 없게

연리지, 나무 같고 부부 같은 자연 처방
붙어준 한평생은 틈새 없이 따습한
소중한
그 사랑 오래오래
곁에 두고 지내고픈

한복 한 벌

우리 민족 우리 옷 고운 한복 오천 년 의복
시대 따라 맵시도 디자인 발전 거듭해
우리 몸
우리 체질 딱 맞는
때깔 좋은 우리 한복

민족 지혜 쪽물 꽃물 잘 들여 시대 생활
알맞은 개량 한복 개발하여 내 삶의 알맞은
민족 옷
색감 좋은 매력
세계 각국 자랑 되는 옷

발바닥 인생

누군가 눌러주는 환경 밑에 묵묵히
견뎌내는 세상살이 아직도 갈길 천 리
나만의
찐한 사명감
누구도 몰라주는

누구를 밟고 올라 반듯한 좋은 자리
무한히 세상을 받들지만 사람 마음
늘 하는
선심 몰라주는
고심만 늘어 산다

2부

세속의 길

구들목 한가운데 하얀 쌀밥 한 그릇
꽁꽁 싸서 따뜻하게 데워주시던 저녁 밥상
옛 시절
자꾸만 생각나는
그 시절로 돌아가고파

아줌마 마음

남편 탓에 속에는 천불이 난다고
자식 탓에 울화병 죽순처럼 솟아나도
숨 한번
크게 뱉어봐도
가슴 여미는 틈이 없다

큰 나무, 가지처럼 고된 세상 버티어 내며
저 보름달 쳐다보며 지나간 날 헤아리다
스치듯
산뜻한 지혜 찾아
새날 위해 창문을 연다

호롱불 어머니

중학교 다니던 시절
가을 해 짧아지면

집까지 자갈 도로 이십 리 밤길 무서워

머리끝
쭈뼛쭈뼛 일어서
하굣길은 고행의 시간

무덤가 소나무 숲
우거진 서낭당 길

별똥별 꼬리 긋는 밤하늘 쳐다볼 때

저 멀리
다가오는 호롱불
어머니 큰사랑이여

덕천강 연가

지금쯤 내 고향 산청에는 코스모스꽃
갈바람에 피어있겠지, 울 어머니 손 흔들듯이
아련함
그리운 꽃이 되어
내 눈가에 아롱거리네

지금쯤 내 고향 덕천강*에는 달맞이꽃
다소곳이 피어있겠지, 달빛에 하소연하듯
하늘 가
어여쁜 얼굴 들고
입 벌려 소곤거리네,

*덕천강: 경남 산청군 시천면 상류에서 단성면 구만리 쪽으로 흘러내리는 강 이름

혹독한 경자년

그래도 세월은 유유히 가고 있다
코로나19 모두 다 힘이 든 거리의 시간
휑하게
한산한 인도 블록
바람마저 초고속이다

감염 걱정 생업 걱정에 숨 쉬는 것, 마저 고통
지친 듯 무심한 시간 석양 만나 뉘엿뉘엿
야산 위
걷다가 돌아서
대문 앞에 서성이네

새봄
—코로나19 마산

호흡도 멈춰진 듯 긴 시간 조용한 도심
봄비가 촉촉이 내려져 앉습니다
국민들
절제하는 모임풍습
불경기 서민 가슴만 타네

언젠간 이 또한 지나가며 좋은 시절
굳은 의지 하나로 슬기롭게 헤쳐가리
평온한
봄날이 꽃 피는 그날
행복으로 다가오리라

백두산 천지

삼 대가 덕을 쌓아야 볼 수 있다는 백두山 천지
서 파로 빗속을 걸어 천사백여 돌계단을
올라가
만나보길 간절해
찾아간 넌 자욱한 안개

뒷날은 지프차 타고 북파 쪽에 올라간 정상
민족의 자랑 고결한 산 청자처럼 신비한 물빛
산뜻한
민낯 한순간 보여
내 한평생 최고의 구경

안경을 쓰다가

바람 저 멀리 춤추는 문장을 읽으려고
점점 더 흐려지는 눈빛을 살리고자
오늘도
식염수로 두 눈을
해맑게 세안한다

꽃 같은 청춘의 시간 시들어간 화선지에
고상한 풍경화 한 폭 살며시 그려보고
내일은
단풍산 구경으로
내 가슴의 행복을 선사

인생 앞에서

이렇다 저렇다

함부로 말하지 마라

다 아는 체하는 건 까부는 언행이다

인생은

우리가 모르는 뭔가

신비로운 비밀이 많네

노고단 두견새

고상한 너의 노래

세월 속에 전해오듯

그리움 사연일랑 덕천강물 이어주고

지금도

너의 모습 별빛 되어

밤하늘 밝혀주네

금강산 걷는 길

벚꽃이 활짝 피는 봄 꽃내음 취한 꽃길
싱그러운 여름날 가벼운 발걸음 간다
금강산
손짓해주는
계곡 속 행복한 힐링

냇물 소리 새소리 어울려져 한더위 잊고
가을빛 물들면 꿈과 낭만 가슴 가득해
산등성
넘어온 가을바람
오색단풍 재촉하네

*제2금강산: 창원시 의창구 합성동 소재한 제2금강산 이름이다.

솜이불

어렸을 적 겨울 한추위 밤 어머니
솜이불 얼굴 가까이 끌어올려 잘 덮어주신
그 손길
환갑이 지난
오늘 밤도 그리워지는

구들목 한가운데 하얀 쌀밥 한 그릇
꽁꽁 싸서 따뜻하게 데워주시던 저녁 밥상
옛 시절
자꾸만 생각나는
그 시절로 돌아가고파

3부

운율의 문향

목젖에 걸린 가시
병원 가 뽑아내니
안도의 외마디 말, 이제는 살 것 같네
혹시나
내가 살면서 한 말
지인 가슴 안 찔렀는지?

오피러스 승용차

긴 세월 내 동선 따라 함께해 주었던 너
십칠 년간 군소리 없이 동고동락 잘하다
혹한기
노후된 신체 힘 못써
큰 동파를 넘지 못하는

아쉬운 이별 해야 하는 너를 보면
내 애간장 녹아내려 발걸음마저 무겁다
또 다른
새 주인 만나도
무병장수가 좋겠는데

죽부인

온몸에 틈서리가
촘촘히 열려있다

대숲 싸늘한 체취
홀아비의 체온 같고

풍만이
안겨 오는 향기
여인의 살결 냄새다

꿈 하나

꽃보다도 하늘보다도
더 크고 소중한 꿈

내 가슴에 고이 담아
한평생 키워온 소망

회갑쯤
나이가 드니 못한 일
더 많은 미련이 남아

생선 가시

목젖에 걸린 가시

병원 가 뽑아내니

안도의 외마디 말, 이제는 살 것 같네

혹시나

내가 살면서 한 말

지인 가슴 안 찔렀는지?

살랑이꽃
―살살이풀

가을에 피는 꽃을 꼽으라면 코스모스다
성질이 급한 놈들은 6월부터 꽃을 피우고
시월쯤
꽃의 절정 이루는
너의 고향 멕시코다

한낮에는 따사로운 햇살을 받아 일어서고
서늘한 밤바람을 맞으면서 단번에 피운
고운 넌
오색 꽃 형형색색
가을날 전령사다

가을 정원

뜨거운 태양 곁이 익숙해질 즘 금세
봄여름 가을, 지나가니 찬 바람이 불어와
꽃단풍
절정을 젖어 드는
빨 주 노 초 원색의 세상

깊어가는 가을 정원의 웃음소린 인생을 닮아
더위와 싸워 한여름, 보냈던 오색 잎새들
그 모습
잠시 뉘어 놓고
시린 외로움 달래네

외포항

누구는 그리움으로

누구는 귀어살이

고향으로 돌아왔다 대구 생선 인연으로

하루치

고단함을 안고

집에 오늘도 귀가하네

만추

늦가을 솔방울 비

소리 내며 찾아온다

낙엽들 짝지어 무엇인가 소근거린다

스산한

늦가을 바람 소리

귀가를 재촉하는

밤하늘 서신

멀고 먼 세상살이 성공의 길, 가는데
결 거친 숨소리를 밤하늘로 띄우고
오색의
깊고 고운 소망
속가슴에 키운다

만학도 고달픈 희망, 앞에 선 한 남자
좌절하다, 고갤 숙여 깊은 밤 헤매다가
고단한
어둠별 홀로
희망 키울, 집을 향한다

노점 아줌마

두 차례 암癌 수술 후 빚더미 넘어선

그는 대한민국 악바리 어머니다

그래도

기막힌 표정

전생에 무슨 죄 많아…

흔히 한 번쯤은 그럴 수 있다지만

두 번은 너무나도 가혹한 신의 숙제다

아직도

첫 수술 할 때

그 흉터, 선명도 한데

두 손의 행복

마주 잡은 두 손에 신호를 보내주고
사랑하며 잠 잘 자야 새날이 행복하다는
무언의
메시지 리듬
꾸준히 보내주는 밤

마주 잡은 두 손이 피아노를 치는 밤
지난날 살아오며 느꼈던 그리움은
못다 한
즐거운 행복
침묵으로 피어난다

해외여행

이제는 더 이상을 미루지는 말자
여러 가지 이유로 미루고 미룬 해외여행
우리네
인생의 여유마저
앞당기는 미소여!

떠남과 동시 마음도 즐거워지는 긴 여행길
가족 다 함께 손잡고 떠나가는 여행길 행복
지금이
아니라면 그 언제
먼 외국에 떠나보겠나

겨울 덕유산

순백의 자연 위대한 그 모습 앞에 서면
여행객은 저절로 함박웃음 피어나고
하얀 눈
청순한 아내의
속살 같아 눈 부시네

산에 오른 한순간 동심으로 돌아가
추위도 피곤함도 잊게 하는 즐거운 시간
이어줄
행복한 무릉도원
내 가슴에 지금 들어와

4부

자연은 도반의 길

바람은 산속을 지나 구름도 흩어놓고
서 마지기 갈대꽃이 노을빛을 닮아갈 때
외로운
사나이 가슴
쪽빛 바다 향, 젖어 든다

석류

여인들은 갈망하며 다가서길 애원한다
땡땡한 우윳빛 피부 윤기 나는 민얼굴
여인들
여심을 자극하는
자주색 보석빛 과일

비타민 케이가 풍부한 천연 과일
십팔 세 여고생 수줍은 볼살 담아
자연이
베푼 농민 사랑
빨갛게 익은 너

고개 든 3월

신비롭고 경이로운 위대한 생명의 고개
봄물의 새 힘으로 탄생하고 세상에 인사한다
생명의
샘물이 시작되고
건강도 샘물이 최고

처녀 총각 엠티에서 만나서 손을 잡듯
꽃가루는 봄바람 타고 사랑을 찾아간다
별빛이
개울 위에 흘러
애인 얼굴 비치고 있네

청령포 눈물

사방으로 물길에 갇혀진 새 한 마리
먹이도 소태 같고 발걸음마다 한숨 소리
허탈한
세월 앞에서
눈물만 발등 적신다

눈감으면 적막감 강물 따라 젖어 들고
따르던 신하들은 간신배로 돌아서니
참 선비
지조를 지키려다
귀향살이 줄을 선다

밤비

외롭게 밤하늘에 내리는 밤비야
쓸쓸하게 혼자서만 내리는 너의 모습
세상에
하소연하듯이
소리 없이 울고 있구나

어둠 속을 찾아오는 밤비야 너는 왜
무섭지도 않은지, 맨발에 겉옷도 없이
장시간
누구를 위해서
애타는 하소연인가

갓바위

돌부처 수행 모습 신도들 모습 닮아있고
노송은 바람을 안고 기도를 하고 있다
평생을
산 위에서 일생을
살다 갈 기구한 팔자

수많은 사람의 업보를 달래주는
팔공산 불심은 영험도 하여 팔도사람
다 불러
엎드려 빌게 하고
평화를 찾아준다

등산복

흘기듯이 슬며시 본다
백화점 등산복매장
제각각 글씨체로 울긋불긋한 등산복
산속에
이사 온 총천연색
등산객 모습들이다

사람마다 취향도 색상도 다른 선택
말 못 하는 가슴속에 개성이 숨어있다
무의식
순간의 결정에도
자신의 마음 대변한다

동네 친구, 산악회에서 시대적 대세 따라
한 달에 몇 번이고 산 정상이 악수 청한다
등산은
미래 건강과 행복
저축하는 방식 같다

중환자실

그대 어이 한 곳에만 뿌리내려 누웠던가
이승도 저승도 아닌 허공을 부여잡고
진주에
이슬처럼 비쳐진
숨소리 흩어지네

그대 어이 한 그곳에만 뿌리내려 누웠던가
철길에 침목처럼 무거운 양팔과 다리
심장의
고동 소리 멈추면
영락없이 누워있는 조각상

붉은 꽃 입술 저만치 혼자 두고
탯줄 같은 호스 줄 어두운 콧속으로
장밋빛
꽃물 고요하고
희미한 불빛 꺼지지 않네

고향 추억

손닿자 애절히 우는 서러운 내 가야금

벌거숭이 시골 삶 심금을 향한 음향 느낌

내 고향

하늘빛 같은

서러운 열무김치 맛

봉화산 여정

귀뚜라미 노랫소리 들려주는 옛 추억
풀잎에 이슬처럼 내 눈에 맺혀지는
늦가을
어두운 밤이 오면
옛 생각에 별을 본다

우리 부부 등산가며 들어보던 산새 소리
가슴속 가요처럼 메아리로 들려오는
긴 편지
단어 속의 사연들
가을 햇살에 눈 부시다

무학산에서

바람은 산속을 지나 구름도 흩어놓고
서 마지기 갈대꽃이 노을빛을 닮아갈 때
외로운
사나이 가슴
쪽빛 바다 향, 젖어 든다

가을바람 쉬는 곳에 물결도 숨을 쉬고
당신이 머무는 곳에 내 마음 젖어 들어
합포만
거울 같은 바닷물
임의 모습, 비쳐온다

파는 인생

나도 팔고 너도 파는 우리들 인생살이
무엇을 파는지 무엇을 더 사야 할지
온종일 선택의 순간들
차례차례 다가온다

물건도 사고팔고 마음 사고 판다
나 자신을 누구에게 어떻게 잘 팔아야 할까?
디자인 내용 잘되었는지
당신 앞에 서면 떨린다

5부

산마루 연가

노스님
가부좌 틀고 앉아
예불하는 뒷모습

백 년 가도 천년 가도 그 모습 그대로인데
간사한 인간만이 세월 따라 흔들리고
철학적
내 삶의 무게 없는
마른 단풍 꽃잎 같네

백년초 예찬

긴 기다림에 피어나 미소 짓는 임이여
그리움에 애태우고 아련함에 눈물지어
백 년에
단 한 번 피어준 넌
상큼해 고귀한 꽃

한평생 만나기 위해 긴 염원의 기도 속에
아침햇살 단비 만나 사랑을 속삭여야!
스쳐볼
고귀한 그대 이름
산뜻한 백년초여

동피랑 골목길

꽃 그림의 벽화가 아름답게 그려져 있어
거리는 포근한 온기 어머니 품속 같은 곳
서민들
정다운 웃음소리
아른아른 피어나는 삶

성인들 양팔 길이보다 짧은 골목에 앉아
앞집 옆집 오순도순 맛 나는 음식 나눠 가지고
이웃의
기쁨도 아픔도
내 일처럼 함께하는 정

들꽃 인생

야산 언덕 돌 틈 사이

피어난 들꽃이여

비바람 흔들리고

혹한기 잘 이겨 낸

인동초

긴 세월 견뎌

새 봄날 세상에 빛나

코로나19 시대

중국 우한 코로나

한 해 내내 감염 세상

온 국민 불안감에 마음 놓고 오가지도

못하게

자택에 묶어둔

답답한 시대 고통 속 삶

공원길 걸으며

매화 핀 산호공원 쓸쓸히 산책하네
인생을 글로 엮어간 시인의 만인 사랑
세상을
묘사하다 애가 타
시비로 솟아났나

쓰고픈 청초한 시 눈앞에 아른아른
소망을 기다리다 지쳐서 들꽃 피웠나,
꽃노래
시와 함께 사신 삶
선비 같은 시인 비석들

밤길 소리

퇴근길에 하루 피로, 안고 온 서민들
지쳐진 어깨들끼리 서로서로 기대어
마시는
술잔에 더 좋은 안주
위로하는 말, 한마디다

웃음꽃 희뿌연 새벽이 기어 올 때
희 노 애 락, 군상들은 자기들 집 향하고
소주방
깜박이다 불 꺼지는
네온사인 인생이여!

황매산 철쭉꽃

자네는 언제 보아도

새롭고 참하다

해마다 봄이 오면 황매산 가는 능선길

따스한

햇살 따라 곱게 핀

청초한 얼굴, 늘 보고 싶은

초가을 연가

삼호천 산책로에 졸고 서 있는 바람개비
솔바람 솔 솔 다가와 흔들며 낮잠 깨운다
초가을
코스모스 해맑게
웃으며 눈인사하고

물가에 해오라기 하릴없이 노닐고
어디선가 게으른 매미 한 마리 늦 울음소리
갈바람
숲속 저만치
우수에 벌써 잠겨든다

화왕산 억새꽃

한 가지 소원 꼭 이뤄준다는 유명한 절
화왕산 관용사 가는 길 사이사이
억새꽃
천 송이 만 송이
고운 손, 흔들 춤 유혹

봄이면 분홍빛의 철쭉꽃 미소 짓고
여름이면 푸르른 녹음 새 얼굴 보여주는
풀 냄새
등산객들 산 내음 향
마음껏 보내주는

병문안

위로해 주러 가고 오는 건 본인의 마음

얼마나 인간적인 삶을 사는 건 본인 선택

살다가
끝에 가보면 본전
모두 품앗이 인생살이

좋은 건 좋은 대로 인정도 주고받는

한 생에 인연 따라 친교 하는 인생살이

병원에
누워있어 보면
그 사람 인간성 부여

껌 하나

껌 씹다가 단물 없다고
함부로 뱉지 마라

당신은 누구에게
달콤함 선사해주며

살았냐
슬펐다가 좋았던
반복되는 인생살이

막걸리 한잔

민족의 술 막걸리 한잔 마셔보면
한 끼의 식사가 되고 힘이 나는 좋은 술
없던 힘
불끈 일어나 힘든 일
겁도 없이 할 수 있는

온 동네 소문났던 추억의 술 너를 마시면
힘이 나고 기분도 좋아 하루가 즐거워지고
암울한
한 시절 네가 있어
남자로 잘살 수 있네

암자

저 작은 섬 뭍도 되고 저 뭍이 섬 같은
그곳에 몸 비틀어 자리한 암자 모습
노스님
가부좌 틀고 앉아
예불하는 뒷모습

백 년 가도 천년 가도 그 모습 그대로인데
간사한 인간만이 세월 따라 흔들리고
철학적
내 삶의 무게 없는
마른 단풍 꽃잎 같네

지우개

태생부터 조실부모한 나의 박복했던
갓 난 시절 청소년 시절 그때의 고달픈 삶
이제는
그 시절 되돌려서
통째로 꼭, 다 지우고파

지나온 고난의 옛 시절을 다 지우고
잠시라도 반듯한 내 인생의 산뜻한 생
호시절
한번 잘 맞이해
새 삶 즐겨 안고 가고파

사는 동안

이 세상에 내 시간 있고 우리들의 시간 있다
다시 못 올 그리움 기억 머릿속 스쳐 가는
젊은 날
애틋한 사연들
영화 같은 순간들

다시오면 안 되나요. 그림 같은 순간 모습
인생은 지나 보면 한 시절 한순간 인걸
하늘이
빚어놓은 세상
예술같이 그려지네

6부

계절 기쁨

못다 한 인연 사랑 참아도 지워봐도
더더욱 찐해지는 그리움 커져만 가고
달 보며
별 보며 나도 몰래
소망 빌고 사는 밤

자연인

성격상 권력도 상납도 다 싫어서
깊은 산속, 택하여 산에서 살아가는
산골의
재주꾼 꿈같은
멋진 집 예술 같아

평생의 소원인 대궐 같은 집 자연생활
멋진 한옥 한 채 십여 년 세월 바쳐
예술혼
정성껏 가득 채워
행복을 자랑하네

내 인생의 인연

마주쳐 지나가는 인연도 있습니다
보고 싶어도 못 만나는 인연도 있습니다
내 인생
소중한 그 사람 모습
언제쯤에 만날 수 있을까?

생각나는 사람 그리운 사람 지금은
그 어디에 무엇을 하고서 지내고 있지
내 청춘
같이했던 사람
그 모습 아른거리네

감염 시대

말없이 네가 다가와 사람들 인연 관계
다 끊어놓고 세계인 입도 막아 원망스러워
어쩌란
말인가 이 세상을
소통 흐름도 다 막아 놓고

육십 평생 이런 일 세계적으로 처음 있는 일
최악 경제 최고 불안감 너 때문에 큰일이다
사람들
어찌 살라고
소리도 없이 찾아와서

달나라

나도 달과 같은 사람이 되고 싶다
외로워서 쳐다봐도 괴로워서 쳐다봐도
난 그런
밝은 사람 좋은 사람
꼭 한번 보고 싶어라

나도 달과 같은 사람이 되고 싶다
세상살이 힘들어 쓸쓸히 집 밖으로
나서는
그런 사람에게
들꽃같이 웃음 주는

이 가슴 항상, 사랑받는 달빛 하나 되고 싶다
외로운 사람 부르면 달려가 위로해 주는
밝은 달
비추어 주는 눈빛
따스한 마음같이

바람의 섬
―여서도

논도 밭도 하나 없는 섬마을 앞바다
바닷속 미역 따는 칠십 대 마지막 해녀
잠수복
입고 휘 바람 불며
풍덩 뛰어든 깊은 바다

매일 물질해야 하는 고기잡이 생업 하니
비바람 불어도 바다일 나가며
사는 삶
미역 따고 위태로이
삼치낚시 쉼 없는 애환

지나온 고달픈 삶도 행복으로 여기며 산다
파도 속을 헤쳐가는 삼치 나가는 배 한 척
당신의
봄 볼락낚시
학꽁치 낚시 경치도 멋져

부곡온천

예부터 뜨거운 우물 솟아나는 부곡리
가마솥같이 온천수 퐁퐁 솟아났던
노천탕
온천 객 피부 환자
몰려드는 별천지 밤

바깥 기온 쌀쌀 지면 따끈한 온천탕
저절로 오랜 소문 그리워 찾아지는
노천탕
온천수 수질 좋아
언 몸의 소중한 행복

불후 시절

그때가 좋았었다, 지금 와서 생각해봐도
내 인생 꽃피고 산새 우는 그 시절
참으로
별의 순간 스치듯
짜릿한 희열 같은

다시 올 수 없는 그 행복 그 시절
내 사랑 봄날이었던 지날 날
그렇게
바빴던 시간 속
희 노 애 락 아쉬워

봄비 오는 날

대지를 촉촉이 적시는 봄 단비
창문 밖 마냥 보고 있으니 잊었던 추억
생각나
때 이런 새 아침
산새 소리도 정겨워

살아온 세월 살아갈 세상 돌아본 시간들
매 순간 일어나는 미운 마음 생길 때
다독여
저 산뜻한 들녘
연푸른 타고난 새순

부채질

인도로 걸어가다가
신호등 기다리는

길 가던 아주머니 한 분 유모차에

애완견 손주처럼 태워
부채질하며 걷는 대낮

본인은 머슴처럼
무더위에 땀 뻘뻘 흘려

간난 아기 돌보듯 제 부모님 모시듯

정성을 다하는 마음
부모한텐 어쩔까?

천주산 가는 날

봄바람 쓰다듬는 손길 따라 벚꽃비 내려
고달픈 서민들 가슴 달래는 꽃길 깔아
위로해
행복한 춘삼월 오후
창원대로 오십 리 길

축복을 내리는 따스한 한낮
꽃 삼월 해바라기 미소를 머금고
산허리
감고 나를 만나러
대문 앞 와서 노크하네

*천주산: 창원시 북면에 소재한 진달래꽃 좋은 산 이름.

욕지도 선물

간 고등어 먹어봤나, 돌 미역 먹어봤나
욕지 섬 바닷물 키워낸 먹거리 선물
톳 좋고
주민들 먹거리 주는 가난한 섬, 사람 살려줘
옥색빛 바다 섬

산후조리 허기도 면해주는 먹거리
온 식구 빈속 채워 일터로 학교로
쉼 없이
서민 생활 이어주듯
바다의 배려 보약 같은

노인 유치원

늙으면 어린애 된다 우스개, 아닌 말 현실
놀이터 갈 곳 없는 노인 애 함께 모이는
노인들
평생교육 의한
유치원 현장은 답

심심하면 외로움 찾아오듯 외로움이
깊어지면 마음의 병 찾아오고 허전해
우리는
철 지난 유치원생
같이 모여 함께 배우는

두 바퀴 사랑

살랑살랑 봄바람 사이로 달려가는
자전거 여행 자연 속의 힐링하는 세상
라일락
꽃향기 싱그럽게
다가오는 하이킹 도로

소리아트홀 이어지는 자전거길 소래포구
시원한 바람 맞으며 달리는 기분 상쾌해
동호인
산책길 안심 주는
그 기분 봄꽃이 되는

중고차

고단한 사회생활 열악한 환경 속에
열정으로 살면서 타왔던 자동차 한 대
달리며
세상을 향해
춘하추동 살아간다

십 년 넘게 타며 애용한 애마 차 질주한다
세상 걱정 가득 싣고 터널 지나 꽃길로
달려간
평온한 마음
미래로 흘러가고

새 차 한 대 살 돈 아껴 중고차 타면서
남은 예산으로 사회생활 봉사활동의
도움 된
밑거름 밑천 선행
온정도 꽃 피워 본다

회갑 여정

넝쿨도 가팔라서
돌부리 부여잡고

산새도 쉬다 나는 구름산 등산길

죽기로
오르고 보니
반기는 건 허공뿐

고통도 짓뭉개고
한숨도 털어내고

접어둔 하산 길은 추억 속 석양인데

회갑연
숙명의 봇짐
어깨 위를 누른다

내 옹이

사랑의 덩어리 하나 외롭게 남겨두고
홀연히 떠나가신 내 당신 찾으러 간다
어제도
오늘도 꿈속에
당신을 만나러 가는

못다 한 인연 사랑 참아도 지워봐도
더더욱 찐해지는 그리움 커져만 가고
달 보며
별 보며 나도 몰래
소망 빌고 사는 밤

한 번쯤 로망대로

캠핑카 한 대 풍광 속으로 달려간다
일상 속 직장생활의 변화가 힐링 되는
인간의
로망이 행복
나만의 버킷리스트

그리움 한가득 싣고서 달린 세상 속
칼바람도 신나는 하루 여유로운 단편 소설
청초한
싱그런 햇살
이사 오는 가을날이여!

늦은 시작은 깊은 울림으로…

인생 50을 넘기고 시인의 길을 걷기 시작한 한
만학도가 있습니다.
그의 삶의 여정은 이제야 꽃을 피워 올린 시처럼
고요하게 흘러온 시간 속에 담겨진 깊은 울림을
담고 있습니다.
이 시집은 그가 삶과 자연, 사랑과 애환에 대하여
묵묵히 우보천리牛步千里를 걸어가듯 쌓아온
감정과 정서의 결실입니다.
만학도의 시는 그간 자영업 직업과 야간대학생의
주경야독晝耕夜讀 2중 생활에 힘겨운 삶 속에서 이루어낸
성과의 하나로 세월의 흔적을 고스란히 담고 있으며,
그 안에는 일생의 인간적 열정과 따스함이 배어 있습니다.

선비 시조

허상회 지음

발행처	도서출판 **청어**
발행인	이영철
영업	이동호
홍보	천성래
기획	육재섭
편집	이설빈
디자인	이수빈 ǀ 구유림
제작이사	공병한
인쇄	두리터

등록   1999년 5월 3일
       (제321-3210000251001999000063호)

1판 1쇄 발행 2025년 8월 20일

주소   서울특별시 서초구 남부순환로 364길 8-15 동일빌딩 2층
대표전화   02-586-0477
팩시밀리   0303-0942-0478
홈페이지   www.chungeobook.com
E-mail   ppi20@hanmail.net

ISBN   979-11-6855-359-0(03810)

본 시집의 구성 및 맞춤법, 띄어쓰기는 작가의 의도에 따랐습니다.
이 책의 저작권은 저자와 도서출판 청어에 있습니다.
무단 전재 및 복제를 금합니다.

이 시조집은 경남문화예술진흥원의 보조금으로 발행하였습니다.